Sergiy Ragulin

Steganographie im Bankensektor und Finanzwesen

GRIN Verlag

Bibliografische Information der Deutschen Nationalbibliothek:

Die Deutsche Bibliothek verzeichnet diese Publikation in der Deutschen National-
bibliografie; detaillierte bibliografische Daten sind im Internet über http://dnb.d-
nb.de/ abrufbar.

Impressum:

Copyright © 2004 GRIN Verlag GmbH
Druck und Bindung: Books on Demand GmbH, Norderstedt Germany
ISBN: 978-3-638-67071-5

Dieses Buch bei GRIN:

http://www.grin.com/de/e-book/65529/steganographie-im-bankensektor-und-
finanzwesen

GRIN - Your knowledge has value

Der GRIN Verlag publiziert seit 1998 wissenschaftliche Arbeiten von Studenten, Hochschullehrern und anderen Akademikern als eBook und gedrucktes Buch. Die Verlagswebsite www.grin.com ist die ideale Plattform zur Veröffentlichung von Hausarbeiten, Abschlussarbeiten, wissenschaftlichen Aufsätzen, Dissertationen und Fachbüchern.

Besuchen Sie uns im Internet:

http://www.grin.com/

http://www.facebook.com/grincom

http://www.twitter.com/grin_com

Bibliografische Information der Deutschen Nationalbibliothek:

Die Deutsche Bibliothek verzeichnet diese Publikation in der Deutschen National-
bibliografie; detaillierte bibliografische Daten sind im Internet über http://dnb.d-
nb.de/ abrufbar.

Impressum:

Copyright © 2004 GRIN Verlag GmbH
Druck und Bindung: Books on Demand GmbH, Norderstedt Germany
ISBN: 978-3-638-67071-5

Dieses Buch bei GRIN:

http://www.grin.com/de/e-book/65529/steganographie-im-bankensektor-und-
finanzwesen

GRIN - Your knowledge has value

Der GRIN Verlag publiziert seit 1998 wissenschaftliche Arbeiten von Studenten, Hochschullehrern und anderen Akademikern als eBook und gedrucktes Buch. Die Verlagswebsite www.grin.com ist die ideale Plattform zur Veröffentlichung von Hausarbeiten, Abschlussarbeiten, wissenschaftlichen Aufsätzen, Dissertationen und Fachbüchern.

Besuchen Sie uns im Internet:

http://www.grin.com/

http://www.facebook.com/grincom

http://www.twitter.com/grin_com

EUROPA·UNIVERSITÄT VIADRINA   FRANKFURT (ODER)

Steganographie
im Bankensektor und Finanzwesen

Seminararbeit im Rahmen der Veranstaltung:
„Steganographie"
Fach: *„Wirtschaftsinformatik"*
SS 2004

Lehrstuhl für Bankwirtschaft und Wirtschaftsinformatik
Wirtschaftswissenschaftliche Fakultät

Vorgelegt von:
Sergiy Ragulin

Fachsemester: 6
Studiengang: BWL

INHALTSVERZEICHNIS

1. EINLEITUNG

Die Probleme der Sicherheit der Information und die Kunst der Geheimhaltung sind mit der Entstehung des Menschen aufgekommen. Mit der Entwicklung der Computer haben die rechnergestützte Methoden der Datensicherheit an Bedeutung gewonnen. So bietet Kryptographie verschiedene Verfahren für Datenverschlüsselung. Als alternative Technik wird die Steganographie in dieser Arbeit betrachtet. Diese Technik war schon im Altertum bekannt, erlebt aber heute dank den Informationstechnologien die „Renaissance".

Im Rahmen dieser Arbeit wird versucht, die eventuellen Einsatzbereiche der Steganographie im Finanzwesen vorzuschlagen. Ziel der Arbeit ist, zuerst die Möglichkeiten der Anwendung der steganographischen Methoden zu finden und danach durch den Vergleich von ihren Vorteilen und Nachteilen abzuschätzen, wie hoch die Fähigkeit der Steganographie ist, die Probleme der Datensicherheit zu lösen.

Im zweiten Kapitel der Arbeit werden die allgemeinen theoretischen Elemente der Steganographie besprochen, wie die steganographischen Methoden, Systeme, Techniken und Programme. Am Anfang werden die Zusammenhänge mit der Kryptographie sowie Unterschiede gezeigt.

In dieser Arbeit wird auf die umständlichen technischen Fragen, wie die ausführliche Beschreibung der Algorithmen, verzichtet. Es wird aber mehr auf der Untersuchung der vorhandenen Methoden der Datensicherheit im Finanzwesen konzentriert, um die Stellen zu ermitteln, wo der Einsatz der Steganographie sinnvoll wäre.

So wird im dritten Kapitel das Problem der Datensicherheit im Finanzwesen im engeren Sinne betrachtet. D.h. werden nur die Finanzunternehmen in verschiedenen Bereichen ihrer Tätigkeit beschrieben. Am Ende des Kapitels werden mehrere Vorschläge zum Einsatz der Steganographie in Banken gegeben.

Im vierten Kapitel wird das Problem der Datensicherheit im Finanzwesen im weiteren Sinne erläutert. Hier wird der Zusammenhang der beliebigen Unternehmung mit dem Finanzsektor gezeigt, und dabei das Problem der möglichen Anwendung der Steganographie erwähnt. Am Ende des Kapitels werden die Mittel zur Lösung dieses Problems genannt.

Im fünften Kapitel wird über die Vorteile und Nachteile der Steganographie diskutiert und die Möglichkeiten des praktischen Einsatzes im Finanzwesen analysiert.

Für die Erleichterung der Wahrnehmung dieser Seminararbeit werden verschiedene Daten in Abbildungen und Tabellen zusammengefasst und in Anhängen beigefügt.

2. ENTWICKLUNG VON STEGOVERFAHREN

2.1. Steganographie als Zweig der Kunst der Geheimhaltung

Das Wort „Steganographie" ist aus dem Griechischen abgeleitet und bedeutet „verdecktes Schreiben". Die Technik des Versteckens der Information ist schon aus dem Altertum bekannt, hat heute eine Computer-Unterstützung und wird weiterentwickelt. Das Prinzip der Steganographie besteht darin, dass die geheimen Nachrichten durch Einbettung in harmlose Daten versteckt werden, so dass ein Außenstehender das Vorhandensein der geheimen Botschaft nicht erkennen kann.

In der Kunst der Geheimhaltung spielt wichtige Rolle auch die Kryptographie, aus Griechischen: „verschlüsseltes Schreiben". Hier benutzt man die Verschlüsselungsverfahren, um die Nachricht zu chiffrieren, so dass ein Außenstehender den Inhalt der Botschaft nicht erkennen kann. Die schematische Einordnung der Glieder als Untertype der Geheimhaltung ist auf der Abbildung 1 veranschaulicht.

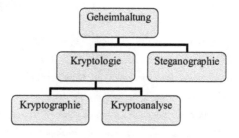

Abbildung 1: Zweige der Kunst der Geheimhaltung [In Anlehnung an „Kryptologie im Informatikunterricht"]

Also sowohl Kryptographie als auch Steganographie verfolgen ein gemeinsames Ziel – die Informationssicherung bei Datenübergabe. Die durch Kryptographie verschlüsselten Botschaften sind jedoch auffällig und interessant für die Externen. Es liegt somit ein Anreiz vor, die kryptographische Verschlüsselung zu entschlüsseln. Der Bereich der Kunst der Geheimhaltung, der sich mit der Entschlüsselung der kryptographisch chiffrierten Botschaften beschäftigt, heißt Kryptoanalyse. Das bildet zusammen mit der Kryptographie ein gemeinsames wissenschaftliches Gebiet – Kryptologie.

Nachteil der Steganographie – sofortige Möglichkeit des Durchlesens nach der Entdeckung der eingebetteten Nachricht – ist bei der Anwendung der kryptographischen Verfahren gelöst. Verschlüsselte Daten sind gegenüber Angriffen relativ robust. Die beste Variante wäre deswegen, die kombinierte Technik anzuwenden. Die zu sendende geheime Nachricht wird durch die Kryptographie verschlüsselt und danach durch die Steganographie in eine unauffällige Datei versteckt. Also der erste Grund der heutigen zunehmenden Anwendung der Steganographie ist die Eliminierung des Anreizes, die chiffrierten Botschaften zu entschlüsseln.

Der zweite Grund ist die gesetzliche Beschränkung der kryptographischen Verfahren, die in einigen Ländern schon gilt (z.B. Kryptographie-Verbot in Frankreich für nicht staatliche Unternehmungen) und in Deutschland in Zukunft auch wirksam werden kann[1]. Aus dieser Sicht kann die Steganographie für Verstecken der kryptographischen Verschlüsselung angewendet werden.

Wie oben gesagt wurde, hat die Steganographie ein gemeinsames Ziel mit der Kryptographie. Wenn wir aber die so genannte „technische" Steganographie betrachten, hat sie kaum etwas Verwandtes mit den Krypto-Methoden. Dazu gehören die noch bis heute existierende Geheimtinte, hohle Schuhabsätze, doppelte Böden sowie relativ modernes Verfahren der Mikrophotografie, das in dem Zweiten Weltkrieg von Deutschen entwickelt wurde.

Näher zur Kryptographie ist die „linguistische" Steganographie. Mittels der unterschiedlichen Verfahren (ohne und mit dem Computer-Einsatz) lassen sich die Nachrichten in den unauffälligen Daten verstecken. Diese harmlosen Daten sind als Behälter (Container) bekannt. Die beliebigsten Container sind die Text-, Bild- und Audiodateien[2]. Weiter wird nur die „linguistische" Steganographie betrachtet.

2.2. Klassische Stegoverfahren

Die „linguistischen" Stego-Methoden, die ohne Anwendung der entsprechenden Computer-Programme funktionieren, heißen die klassischen Methoden. Unter der Menge der klassischen steganographischen Verfahren kann man zwischen zwei Klassen unterscheiden. Das sind Semagramme und Open Code.

Semagramme versteckt die Botschaft in einer sichtbaren Datei (Text oder Bild). Es existieren Text-Semagramme und „echte" Semagramme. Beispiele für Text-Semagramme sind unterschiedliche Zeichensätze oder Satzpositionen im Text, rekursive Punkte, Textabschwünge,

---

[1] Vgl. [16] *Stefani*: http://www.uni-kassel.de/~sstefani/html/uni/krypto01.htm
[2] Vgl. [9] *Gerold*: http://home.in.tum.de/~gerold/neuestefassung/stegmod.html

punktierte Unterstreichung u.ä. Dagegen ist die Zeichnung des Morse-Alphabets eine „echte" Semagramme.

Bei Open Code schickt man die Nachricht offen (aber mit anderer harmlosen Bedeutung) oder die harmlose Daten mit der eingebetteten ursprünglichen Nachricht. Hier ist noch weitere Untergliederung nötig. Zwei Unterklassen sind die maskierten Geheimschriften und die verschleierten Geheimschriften.

Maskierte Geheimschriften setzen die vorherige Vereinbarung zwischen Absender und Empfänger betreffs der Bedeutung der einzelnen Geheimschriftenelemente voraus. Typische Beispiele sind der Fach-Jargon und der Slang einer bestimmten Gruppe. Dazu gehört auch Ave-Maria-Code.

Bei verschleierten Geheimschriften ist die ursprüngliche Nachricht unverändert in die offene Nachricht eingebettet. Das alles klappt unter der Bedingung, dass die beide Parteien über einen bestimmten Platz vereinbart haben, wo interessierende Nachricht erscheinen kann. Mögliche Abkommen sind die Regeln (z.B. jeder zehnte Buchstabe ist relevant) oder der Raster.

2.3. Moderne Stegoverfahren

Im Gegensatz zu den klassischen Methoden der Steganographie sind die so genannten modernen Verfahren mit dem weltweiten Computer-Einsatz verbunden[3]. Als populärste Ansätze sind Audio- und Graphikkomprimierung und die mathematische Methoden zu erwähnen.

Bei Bildkomprimierung können verschiedene Computer-Programme die Nachrichten durch die digitale Kodierung in den „ausgeliehenen" Bits der Farbigkeits- oder Graustufeinformation verstecken. Die Änderung der Farbe oder der Qualität kann man visuell nicht erkennen.

Dieselben Grundsätze werden bei der Audiokomprimierung benutzt. Die Mitteilung kann sogar während des ISDN-Telephon-Gesprächs durch die parallele Entnahme der Bits aus dem digital kodierten Rauschen gesendet und gelesen werden.[4] Kodierung des vom Signal unabhängigen Rauschens kann man als die perfekte Steganographie betrachten. Das Rauschen wird durch die digitalen Datenflüsse, die genauso wie das statische Rauschen aussehen, ersetzt. In der Praxis existieren aber keine unabhängige Rauschen. Deswegen kann dieses Stego-Verfahren jedoch entdeckt werden.

---

[3] Vgl. [1] *Baur*: http://www-stud.fht-esslingen.de/projects/krypto/stega/stega-3.html
[4] Vgl. [7] *Franz*: http://www.inf.tu-dresden.de/~aw4/stego/ISDN-Beispiel.pdf

Vielfältige mathematische Methoden können die harmlosen Texte in Verbindung mit Zahlen setzen, wie z.B. die Anzahl der Buchstaben in Wörter, gerade oder ungerade Anzahl der Buchstaben usw. Eine fortgeschrittenere Methode benutzt z.B. die Restwerte aus der Primzahlenreihe.

Kombinationen von Kryptographie und Steganographie geben die Möglichkeit, die Nachrichten fast unzugänglich für Fremden zu machen. Beispiel dazu ist das Programm S-Tools von Andy Brown, das eine kräftige Integration von kryptographischen Verfahren (IDEA und Triple-DES) und der möglichen weiteren Versteckung in Audio- oder Bilddatei darstellt.

Anhand der vorhandenen kryptographischen und steganographischen Methoden (s. Abbildung 2) kann man bei einer Organisation die ganzen verdeckten Kommunikationssysteme bilden.[5]

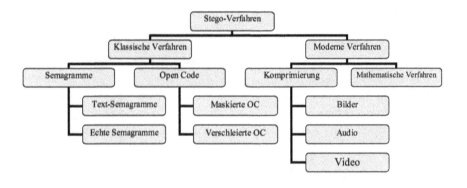

Abbildung 2: Steganographische Verfahren [In Anlehnung an Gerold: „Kryptologie – eine überführende Übersicht"]

2.4. Systeme der steganographischen Verfahren

Außerdem gliedert man die moderne rechnergestützte steganographischen Systeme auf zwei unterschiedliche Kategorien: Konzelationssysteme und Authentikationssysteme (vgl. Abbildung 3).

---

[5] Vgl. [14] *Simmons* (1994), S. 459 – 473

Abbildung 3: Steganographische Systeme [in Anlehnung an Барсуков, В.С.: „Компьютерная стеганография: вчера, сегодня, завтра"]

Für Konzelationssysteme gelten die Software zum Verstecken der Nachrichten in anderen Daten (wie oben genannt – graphische, Video-, Audio- und Textdateien). Authentikationssysteme dienen der Einbettung bestimmter Merkmale in die Datei. Das ist so genannter digitaler Watermarking. Dazu gehören digitale Wasserzeichen und digitale Signaturen. Diese Merkmale bestätigen die Originalität vorliegenden Dokumentes (z.B. Bildes), wobei sie visuell (sowie für Computer ohne entsprechende Software) nicht erkennbar sind. Man diskutiert aber stark, ob der digitale Watermarking ein Teil der Steganographie oder ein selbständiger Bereich des Informationsversteckens ist. D.h. die Steganographie enthält nur die Konzelationssysteme und die Authentikationssysteme treten als ein separater und unabhängiger Zweig der Kunst der Geheimhaltung auf. In dieser Arbeit geht man davon aus, dass der digitale Watermarking als der Teil der Steganographie betrachtet und in dem Begriff „Authentikationssysteme" erfasst wird. Gemeinsame Eigenschaften liegen hier darin, dass ein übertragener File in beiden Fällen die eingebettete Information enthält. Der Zweck ist dabei aber verschieden.

Die Methode der digitalen Unterschreibung besteht darin, dass der Dokument als eine kurze Datei (so genannte Quersumme - die Zahl mit der konstanten für beliebige Dokumente Länge) dargestellt werden kann, die nur aus diesem Dokument (und nicht von irgendwelchen anderen) hergeleitet werden kann[6]. Diese kleine Datei heißt Hash-Wert. Er wird durch die komplizierte Berechnung mit sehr hohen Primzahlen aus den Binärzahlen aller Symbole des Dokumentes generiert (mathematische Krypto/Stego-Methoden). Danach wird dieser Hash-Wert verschlüsselt und mit dem ursprünglichen File gesendet. Der Empfänger berechnet nach dem Erhalten des

---

[6] Vgl. [19] *Wegscheider*: http://www.pinoe-hl.ac.at/bildung/intel/recht/recht_handout.pdf

6

Dokumentes die Quersumme noch Mal und vergleicht mit dem erhaltenen und entschlüsselten Hash-Wert. Wenn die beiden Quersumme gleich sind, zeugt das darüber, dass keine Veränderung der Nachricht unterwegs war. Die Sendung kann nicht nur in separaten Files erfolgen, sondern der Hash-Wert kann mittels der steganographischen Verfahren auch in ein ursprüngliches Dokument eingebettet werden.

2.5. Techniken der Steganographie

Wenn man auch die wissenschaftlichen Richtungen der Entwicklung von Stego-Verfahren in Rücksicht nimmt, kann man zwei Techniken der Einbettungen hervorheben, und zwar die Methoden, den die spezielle Eigenschaften der Computer-Formate zugrunde liegen, und die Methoden, die sich auf der Überflüssigkeit der Audio- oder Videoinformation basieren. Die Struktur der steganographischen Technik ist auf der Abbildung 4 dargestellt, während derer ausführliche Beschreibung in der Tabelle 1 (s. Anhang A) gegeben.

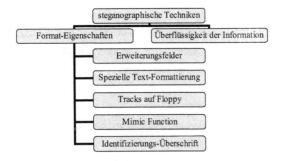

Abbildung 4: Steganographische Techniken [in Anlehnung an Барсуков, В.С.: „Компьютерная стеганография: вчера, сегодня, завтра"]

Methoden mit Verwendung der speziellen Format-Eigenschaften sind z.B. Null-Chiffre, Entfernung der Indentifizierungsüberschrift des Files, Imitation usw.

Man wählt die speziellen Format-Eigenschaften in Abhängigkeit vom konkreten Fall, d.h. vom Grad der möglichen Sichtung, Durchlesen und „Abhorchen".

Methoden mit Verwendung der Überflüssigkeit der Information in den digitalen Bildern, Audio- und Videodateien haben als Grundlage die leere Stellen in digitaler Kodierung, die man mit der zusätzlichen Information ausfüllen kann, ohne die Qualität der Datei bei Wahrnehmung zu beeinflussen. Problem dieser Methode besteht darin, dass die statistischen Charakteristika der digitalen Flüsse verzerrt werden und daher vom Computer erkennbar sein können. Für die Eliminierung der kompromittierenden Merkmale muss man noch die statistischen Daten korrigieren. Das bringt aber sehr großen Vorteil. Man hat dabei die Möglichkeit, sehr große Volumen der Information zu übertragen. Außerdem sind man jetzt in der Lage, die Urheberrechte zu schützen und die Originalität der digitalen Daten zu beweisen, indem man die digitale Wasserzeichen oder digitale Unterschriften anwendet.

Unter den beiden großen Klassen der Stego-Verfahren gewinnen die Methoden mit Verwendung der Überflüssigkeit von der visuellen und Audioinformation besonders an Bedeutung. Digitale Fotos, Musik und Video sind die Matrizen von Zahlen, die kodierte in diskrete Raum- oder Zeitmomente Intensität darstellen. Also digitale Fotos sind die Zahlenmatrizen, die Intensität vom Licht im bestimmten Ort darstellen; digitaler Ton ist die Matrix von Zahlen, die Intensität vom Ton in den aufeinander folgenden Zeitpunkte darstellen. Alle diese Zahlen sind unpräzis, weil die Kodierungsanlagen für Digitalisierung der analogen Signale unpräzis sind. Immer existiert so genanntes Quantisierungsrauschen. Sie sind besonders in den niedrigeren Bit-Klassen der Digitalisierung angesiedelt. D.h. die niedrigeren Bit-Klassen haben kaum die nützliche Information über die laufenden Ton- oder Videoparameter. Wenn man sie ausfüllt, hat das wenige Einflüsse auf die Qualität der Wahrnehmung dieser Dateien von Leuten.

Z.B. werden die Pixel in Farbbildern vom RGB-Vermischen durch drei Bytes kodiert.[7] Also jedes Pixel besteht aus drei Bestandteilen: „rot", „grün" und „blau" (RGB). Die Veränderung von jedem aus drei niederwertigsten Bits führt zur Veränderung um weniger als 1% der Intensität des Pixels (so genannte LSB-Methode). Das lässt circa 100 KB Information im Bild von 800 KB so verstecken, dass die Einbettung bei der Durchsicht nicht erkennbar wird. Nachteil der Methode ist die leichte Entdeckbarkeit mittels der visuellen und statistischen Angriffe.

Noch ein Beispiel: eine Sekunde des digitalen Tons mit der Diskretisierungsfrequenz 44 100 Hz und 8-Bit-Level (in Stereomodus) erlaubt circa 10 KB Information zu verstecken. Wobei ändert sich der ursprüngliche Ton um weniger als 1%. Das ist von Leuten auch nicht zu bestimmen. Diese Methode ist auch unzuverlässig und schnell zu entdecken[8].

---

[7] Vgl. [8] *Gadegast*: http://www.powerweb.de/phade/diplom/kap232.htm
[8] Vgl. [2] *Bender* (1996), S. 313-335

2.6. Stego-Software

Es gibt eine ganze Menge der steganographischen Programme für verschiedene Operationssysteme. Es existieren auch Shareware und sogar Freeware. Nicht alle (aber meisten) kostenlose Programme, wie z.B. Secure Engine, garantieren keine totale Sicherheit bei der Sendung und werden eher für die ersten Schritte in der Praxis der steganographischen Sendungen bestimmt. Die Benutzer, die das Problem des Geheimnisses ernst nehmen, verwenden die professionellen Softwares. Das betrifft aber nicht die Softwares, die für OS „Linux" oder „Macintosh" entwickelt wurden. Diese Programme sind ziemlich sicher und kostenlos gleichzeitig. Die wichtigsten steganographischen Softwares sind in den Tabellen 2 und 3 (s. Anhang A) zusammengefasst.

Die manchen Softwares[9] stellen eine vollkommene (auf heutigen Tag) Sicherheit dar, d.h. es geht um die perfekte Resistenz gegen sowohl visuellen als auch statistischen Angriffe. Diese Programme sind JPSH-Win, F5 von Andreas Westfield, Outguess und mp3Stego.

Weitere Programme sind weniger robust gegen Angriffe[10]. Die bekannteste davon sind EzStego von Romana Machado, Steganos von Fabian Hansmann, S-Tools von Andy Brown, JPEG-JSTEG von Derek Upham.

Wie man sieht, existiert ein vielfältiges Angebot von steganographischen Softwares. Jedes Programm hat seine positiven und negativen Seiten. Es gibt aber ein Kreis der Programme, die vollkommene Sicherheit bei der Anwendung gewährleisten. Zumindest waren bisherigen Angriffsversuche auf diese Applications erfolglos. Also empfehlenswert sind JPSH-Win, F5, Outguess und mp3Stego. Charakteristisch für diese Programme ist die niedrige Kapazität. Populär (wegen ihrer hoher Produktivität und „userfriendly interface") sind EzStego, S-Tools 4 und Steganos. Sie bieten aber nicht 100% Sicherheit an.

Die meisten der steganographischen Anwendungen bieten zwar viele Funktionen, betten aber nicht sehr unauffällig ein. Das liegt meistens daran, dass die niederwertigsten Bits einfach mit der Nachricht überschrieben werden. Eine Einbettung, die auf diese Weise durchgeführt wurde, lässt sich mit Hilfe eines statistischen Angriffs leicht nachweisen. Die Programme, die nicht in eine komprimierte Dateien eingebettet sind, sind auch durch einen visuellen Angriff zu überführen. Das betrifft aber nicht die sicheren Programme, wie F5[11]. Die Anwendungen, die gegen bekannte Angriffe resistent sind, sind allerdings meistens nicht sehr benutzerfreundlich und schwer zu bedienen.

---

[9] Vgl. Tabelle 2. Anhang B, S. VII
[10] Vgl. Tabelle 3. Anhang B, S. VII
[11] Vgl. [21]Westfeld: http://os.inf.tu-dresden.de/~westfeld/publikationen/westfeld.vis01.pdf

Also bei der Auswahl der Softwares wird ein Trade-Off zwischen der Sicherheit und Produktivität sowie Benutzerfreundlichkeit entsprechend der Situation betrachtet[12]. Bei Sendung mit der hohen Wahrscheinlichkeit der Angriffe wäre das niedrigproduktive aber relativ sichere Programm als sinnvolle Alternative.

Die Kenntnisse der vorhandenen steganographischen Methoden, Techniken und Programme sollen bei Diskussionen in den nächsten Kapiteln hinsichtlich praktischer Anwendungen der Steganographie beitragen.

3. EINSÄTZE DER STEGANOGRAPHIE IN FINANZINSTITUTEN

3.1. IT-Sicherheit im Finanzbereich

Die IT-Datensicherheit im Finanzbereich ist zur Zeit von besonderer Bedeutung, weil die Banken und andere Finanzinstituten präferieren, fast alle ihre Leistungen gerade im Internet zu erbringen. Also fast alle Bankengeschäftsprozesse haben mit der Speicherung und dem Austausch der digital verwalteten und übermittelten Daten zu tun. Das sind z.B. die Finanzdaten der Kunden auf den Konten, persönliche Daten der Kunden in Datenbanken sowie die Transaktionsbefehle, die in elektronischer Form ankommen oder ausgehen. Für Ausführung und Optimierung solcher Geschäftsprozesse wurden verschiedene Informationstechnologien (IT) entwickelt. Diese IT-Unterstützung durch Computer, Software und Netzwerke soll jedoch bestimmte Sicherheitsvoraussetzungen erfüllen.

Online-Verwaltung des Kontos oder Online-Durchführung einer Transaktion im Rahmen des Homebanking ist nur dann von Kunden akzeptiert, wenn die Banken verlässliche und vertrauliche Internet-Verbindung gewährleisten[13].

Die Vertragsabwicklung in der elektronischen Form soll genau so rechtwirksam wie in der Papierform erfolgen. Hier ist die digitale Signatur von Bedeutung.

Alle Dokumente (Verträge, Rechnungen, Mitteilungen) sollen konfidenziell gespeichert oder übertragen werden, d.h. ohne dass der Externe einen Zugriff dazu hat.

Die Kunden werden also den E-Banking und E-Brokerage nur dann akzeptieren, wenn diese Vorgehensweise mindestens genau so sicher ist, wie bei herkömmlichen Kontakten. D.h. die IT-

---

[12] Vgl. [23]*Генне*: http://z3950.library.isu.ru/citforum/internet/securities/stegano.html
[13] Vgl. [4] *Bundesverband deutscher Banken* (2001) S. 2-7

Sicherheit ist nicht nur bestimmt, die Risiken bei E-Business zu vermeiden, sondern auch ist die Voraussetzung für die Betreibung dieses E-Business[14].

3.2. Vorhandene Systeme der IT-Datensicherheit beim Zahlungsverkehr

Die Internet-Beziehungen, in denen die Banken einbezogen werden, werden am meisten von elektronischen Zahlungssystemen dargestellt. Nach der groben Beschreibung gliedern sich diese Zahlungssysteme in 3 Formen, und nämlich Internet-Banking, Kreditkartensysteme und Kleinbetragssysteme[15] (vgl. mit der Abbildung 5). IT-Sicherheit wird durch die Anwendung der bekannten kryptographischen Methoden gewährleistet. Der Grad des Kryptographie-Einsatzes ist verschieden für diverse Systeme. So überträgt SSL-System verschlüsselte Daten nur; SET hat aber mit dem ganzen Geschäftsablauf zu tun[16].

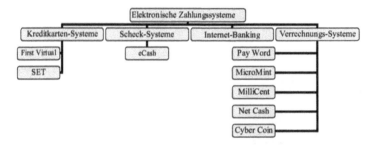

Abbildung 5: Elektronische Zahlungssysteme [In Anlehnung an Gnädinger (2002), S. 42-43]

Das populärste System unter der Kunden ist Internet-Banking, das von Java/SSL-Plattform unterstützt wird. Die einfache Erklärung der Popularität ist die Tatsache, dass fast alle Banken solche Dienstleistung anbieten. Wobei die Prinzipien des Homebanking sind für alle Banken identisch und unterscheiden sich nur wenig mit dem Interface. Die Homogenisierung der Homebanking-Plattformen wurde dank dem HBCI-Standard möglich, der die Internet-Oberflächen verschiedenen Banken vereinheitlicht hat.

---

[14] Vgl. [11] *Guardeonic Solutions AG* (2002), S. 3-5
[15] Vgl. [10] *Gnädinger* (2000), S. 21-40
[16] Vgl. [15] *Schneppe*: http://ulrich.schneppe.bei.t-online.de/s1916/teil61.htm#punkt612

Kreditkartensysteme sind von Kunden auch als sicher anerkannt, weil bei der Benutzung der Kreditkarten eine Signatur des Kartenbesitzers zur Authentikation notwendig ist. Die Bezahlungen mit den Kreditkarten erfolgt durch die Übergabe im Klartext der Kartennummer per Internet. Das Risiko des Angriffs tragen dabei die Kreditkartenunternehmen. Die entwickelten Zahlungssysteme wie First Virtual oder SET werden in dieser Arbeit aus didaktischen Gründen nicht betrachtet, weil der Grad des Krypto-Einsatzes hier nicht so hoch ist, wie bei Internet-Banking.

Die Verrechnungssysteme wurden auf der Basis von Kreditkartensystemen erarbeitet. Die Idee besteht darin, dass die Zahlungen von kleinen Beträgen hohe Durchschnittsaufwendungen für Transakteure verursachen und eine separate Umfassung benötigen. Die Beispiele von Verrechnungssystemen sind PayWord, MicroMint, MilliCent, NetCash sowie CyberCoin. Als ganz separates System ist auch eCash zu erwähnen. Der Schwerpunkt in der Gewährleistung der Sicherheit liegt hier in Anwendung der entsprechenden Hardwares.

Des Weiteren werden nur Internet-Banking-Systeme betrachtet, weil die computergestützte Verschlüsselungstechnik dabei sehr stark eingesetzt ist, und deswegen kann die Steganographie statt oder zusammen mit der Kryptographie verwendet werden.

3.3. Internet-Banking

Der Internet-Banking enthält herkömmliche Operationen wie Überweisungen, Daueraufträge, Lastschriften sowie Wertpapierhandel als Spezialform des E-Banking[17]. Wie bekannt kann der E-Banking in zwei Formen verwirklicht werden: Online-Banking und Offline-Banking. Bei Online-Banking werden alle Manipulationen schrittweise während der Verbindung mit der Bank unmittelbar auf der Internet-Seite durchgeführt. Bei Offline-Banking wird der entsprechende Auftrag ohne Verbindung mit der Bank ausgestellt und danach per E-Mail (oder mithilfe der entsprechenden Option auf der Internet-Seite) an die Bank übermittelt.

Der Identifizierung des Kunden bei Online-Banking dienen User-ID, PIN und TAN. Die eingegebenen Zahlen werden durch SSL-Protokoll mit der 40-Bits-Verschlüsselung an die Bank übertragen. Zurzeit wird SSL-Protokoll mit Java-Applets für 128-Bits-Verschlüsselung ergänzt. Der zufällige Schlüssel kann sogar aufgrund des Mausspurs (vor der Zahleneingabe) generiert werden. Bei solchen SSL-Verschlüsselungen sind noch keine erfolgreichen Angriffe bekannt. Als Nachteil vom Internet-Banking ist die Uneinheitlichkeit der Benutzeroberflächen bei verschiedenen Banken

---

[17] Vgl. [10] *Gnädinger* (2000), S. 22-25

zu erwähnen. Das ist aber im Vergleich zur hohen Sicherheit kaum als wichtiges Problem zu betrachten.

Mehrere deutsche Experten sind aber anderer Meinung. Deswegen wurde ein unifizierter Homebanking-Standard (HBCI) ausgearbeitet. Ein großer Vorteil dieses offenen einheitlichen Standards ist die Möglichkeit für jeden Kunden, die Fehler während der Online-Banking leicht und rechtzeitig zu entdecken. Wobei wird statt der Reihe von Geheimzahlen (ID, PIN, TAN) nur ein öffentlicher Schlüssel zur Identifizierung verwendet[18]. Und schließlich ist die Multibankfähigkeit (einheitlich für alle Banken) noch ein Grund, zum HBCI zu wechseln.

Also HBCI bietet sichere Kommunikation zwischen Bank und Kunden, indem die Signaturverfahren sowie symmetrische und asymmetrische Verschlüsselung[19] verwendet werden. Die Datenverschlüsselung erfolgt durch das symmetrische DES-Verfahren (Hilfsschlüssel wird auch symmetrisch durch DES oder asymmetrisch durch RSA verschlüsselt). Bei der Unterschrift wird ihr Hashwert berechnet und danach auch verschlüsselt (symmetrisch – DES oder asymmetrisch - RSA).

Wichtig ist dabei der Schlüsseltausch zwischen Kunden und Bank. Der Schlüssel kann persönlich auf einer Diskette übertragen werden. Die zweite Möglichkeit ist die Übermittlung während der ersten Anmeldung beim Bankencomputer. Der Schlüssel kann per E-Mail geschickt werden oder auf einem Internet-Konto auf der Homepage der Bank auftauchen. Den Schlüssel schützt ein INI-Brief gegen den möglichen Angriff. In diesem INI-Brief befinden sich die Hash-Werte des Schlüssels. Der INI-Brief wird i.d.R. mit dem Schlüssel gesendet, kann aber auch durch das Telefongespräch, persönliche Kommunikation oder sogar Zeitungsinserate bekannt gegeben werden. Mittels der Hash-Werte hat der Kunde die Möglichkeit, die Authentizität des übermittelten Schlüssels zu überprüfen. Die Operation des Schlüsseltausches erfolgt identisch sowohl von Bank zum Kunden als auch vom Kunden zur Bank.

Es wird also keine Erwähnung der Steganographie im Bereich Internet-Banking bemerkt. Dagegen werden die kryptographischen Verfahren dabei ziemlich breit und erfolgreich eingesetzt. Im nächsten Abschnitt wird es gezeigt, bei welchen Operationen die Steganographie möglicherweise angewendet werden kann.

3.4. Steganographie beim Internet-Banking und –Brokerage

---

[18] Vgl. [18]*Tietz*: http://home.t-online.de/home/walter.tietz/cs.htm
[19] Vgl. [6] http://www.tschenke.de/rsa/RSA.html

Es wurde gerade gesprochen, dass bei Online-Banking zur Sicherheit der Daten sehr stark kryptographischen Verschlüsselung verwendet wird. Steganographie ist aber eher zum Verstecken der Daten, die per E-Mail gesendet werden, geeignet. In anderen Worten scheint ziemlich sinnlos, bei riesigen Datenflüssen im Rahmen des Homebanking, der Verrechnungen usw. anstatt der kryptographischen Verfahren (oder zusammen mit denen) die steganographischen Techniken zu verwenden. Das Problem der Datensicherheit mittels der mächtigen modernen Kryptosysteme, die speziell für Banken entwickelt wurden, ist zwar gelöst, erstens, weil die Wahrscheinlichkeit des erfolgreichen Angriffs auf diese Systeme fast gleich Null ist (bisher keine erfolgreiche Angriffe auf SSL-System). Zweitens ist die Umsetzung auf die ähnlichen steganographische Systeme mit großem Aufwand verbunden (z.B. alle Transakteure sollen neue kompatible Software bei sich installieren), wobei es kaum höheren Nutzen oder Sicherheit bringt. Und drittens, werden die kryptographische Sicherheitssysteme des Internet-Banking aus der Sicht der Lauschverordnung anders als z.B. diese bei privaten Handelsunternehmen betrachtet und unterliegen keinem Verbot.

Der Einsatz der Steganographie ist im Rahmen des Internet-Banking am besten bei dem Schlüsseltausch oder der Hash-Wert-Sendung anwendbar. So kann die Bank statt der offenen Sendung des Schlüssels einen harmlosen File (z.B. Schreiben mit „Gratulation für unsere Kunden" oder „Allgemeine Geschäftsbedingungen") mit dem eingebetteten Schlüssel verschicken. Genau so könnte man mit dem INI-Brief vorgehen, es scheint aber der Bedarf an diesen Brief überhaupt fraglich zu sein, wenn der Hash-Wert unauffällig gesendet wird.

Sinnvolle Benutzung der Steganographie ist auch möglich z.B. bei dem Verschicken des ausgefüllten elektronischen Auftrags-Formulars (z.B. für den Kauf der Wertpapiere) vom Kunden an seinen Broker (direkt oder mit der Eingliederung der Homebank) per E-Mail. In diesem Falle sollen aber die beiden Parteien über der Auftragseinbettung im Voraus wissen. So eine Verabredung kann telephonisch oder persönlich erfolgen. Z.B. verabreden die Parteien, dass an einem bestimmten Datum eine E-Mail mit der Einbettung verschickt werden soll, oder wie (Bild- oder Textdatei) der mögliche File aussehen kann. Das kann man bei besonders wichtigen Aufträgen durchführen. Wieder ist zu betonen, dass solche Operationen eher einen lokalen Charakter haben. Werden alle Kunden einer Bank alle seine Transaktionsaufträge mit den steganographischen Methoden verstecken, wird das Internet-Banking und -Brokerage unnötig umständlicher.

Weitere mögliche geheime Übertragung der Information ist die Kodierung des Rauschens bei den ISDN-Telephon-Gesprächen. So werden die LSBs der digitalen Daten, die das kodierte Rauschen darstellen, wie üblich geändert und mit der zu versteckenden Information ausgefüllt. Die Datenübertragung erfolgt also gerade während des Gesprächs. Man muss nach der Unterhaltung lediglich die Ausbettungsoperation für den gespeicherten File durchführen. Die auf dieser Weise gesendete Aufträge für einen Broker scheinen auch sinnvoll zu sein.

3.5. Steganographie bei der Vertragsabwicklung im Internet

Schließlich kann man sich auch an die Abwicklung der Verträge in elektronischer Form erinnern. Hier ist die sichere Authentikation des Vertragserstellenden (der Bank oder des Kunden) von großer Bedeutung. Der Herkunftsnachweis wird durch das elektronische Signieren des Dokumentes erreicht. Das erfolgt durch die Ermittlung eines Hash-Wertes und dessen nachfolgende Übertragung an den Empfänger (Bank oder Kunde).

Digitale Signatur basiert vorwiegend auf den asymmetrischen kryptographischen Verfahren, d.h. auf den Verfahren mit Public Key. Bei solchen Verfahren (z.B. RSA, El-Hamal usw.) haben beide Parteien je zwei Schlüssel: einen offenen, der z.B. im Internet veröffentlicht ist, und einen privaten geheimen Schlüssel. Der generierte Hash-Wert wird also mit dem offenem Schlüssel des Empfängers chiffriert und nach dem Erhalten mit dem privaten Schlüssel dekodiert (man kann auch mit dem privaten Schlüssel des Absenders verschlüsseln und mit dem offenen entschlüsseln). Symmetrische kryptographische Verfahren sind sehr zeitaufwendig und werden fast niemals für digitale Signatur benutzt.

Die Steganographie bietet dabei die Möglichkeit, diesen Hash-Wert sofort in den zu übertragenden Vertrag einzubetten. Wobei muss der Hash-Wert theoretisch überhaupt nicht verschlüsselt werden, man kann diesen aber für höhere Sicherheit auch kryptographisch chiffrieren.

3.6. Digitale Wasserzeichen und digitale Signaturen im Bereich der Datenaufbewahrung

Die obige Diskussion hat das Problem der Datensicherheit bei dem Informationsaustausch im Internet berührt. Offen ist aber jetzt die Frage der Datensicherheit bei der Aufbewahrung der Information in Datenbanken. Im Weiteren wird es gezeigt, ob die steganographischen Methoden auch hier anwendbar sind. Alle Banken benutzen bei der Aufbewahrung der Belege und Dokumenten in elektronischer Form die Prinzipien des digitalen Watermarking. Die herkömmlichen Arten des elektronischen Watermarking sind die digitale Wasserzeichen und digitale Signaturen.

Bei Anwendung der digitalen Wasserzeichen wird ein unsichtbares für Menschenaugen Zeichen in die Computer-Abbildung integriert. Es kann aber von der entsprechenden Software erkannt werden. Das benutzen auch mehrere Zeitschriften, die ihre Materialien auch im Internet veröffentlichen. Dieses Wasserzeichen zeugt über Originalität des Belegs. Die entsprechenden Softwares sichern in Banken auf folgender Weise die eingescannten Belege, die als Bild-Dateien gespeichert werden. Normalerweise bekommt man durch die Einscännung die Bilder in TIF-Format. Deswegen unterstützen die traditionellen Programme (wie z.B. Belegsignierer „B-Sign") in erster Linie diesen Format und noch zusätzlich BMP-, PNG-, GIF- und JPEG-Formate. Ziel der Anwendung dieses Verfahrens ist, die Archivierung der Dokumente in digitaler Form zu sichern. Die digitalen Dokumente dürfen nur dann akzeptiert und benutzt werden, wenn die Integrität und Authentizität (d.h. Unversehrtheit und Echtheit) der archivierten Datei geschützt ist[20]. Dieser Sachverhalt findet seine Widerspiegelung auch in rechtlichen Vorschriften, wie GoBS, GDPdU und SVRV in Deutschland sowie Sarbanes-Oxlley Act in USA.

Außer der Sicherung der eingescannten Daten ist auch die Sicherung der zusätzlichen Archivierungsinformation (z.B. Zeitstempel, Scanner-Kennzeichen, Urhebernachweis usw.) von Bedeutung. Diese Sicherung erfolgt mit Hilfe der digitalen Signatur. So eine Signatur soll untrennbar mit dem Beleg verbunden werden und robust gegen bestimmte unwichtige File-Veränderungen sein, die den Inhalt des Dokumentes nicht beeinflussen. Zu solchen Veränderungen gehören Umwandlung in andere Bildformate, Helligkeits-, Kontrast- und Farbformatveränderung, leichtes Rauschen und Kompression.

Bei der elektronischen Unterschrift können sowohl die kryptographische als auch die steganographische Methoden verwendet werden. Die Verschlüsselungsmethoden aus dem Bereich der Kryptographie haben einen Nachteil. Bei der möglichen notwendigen Formatkonvertierung oder Aufbreitung werden die Editing-Prozesse durchgeführt, die als Veränderung des Dokumentes betrachtet werden, obwohl keine inhaltliche Veränderung vorlag. Der nächste Nachteil besteht darin, dass die Manipulationen nur erkannt werden, d.h. man weiß nur über Anwesenheit der Veränderung und nicht darüber, welche Manipulationen genau gemacht worden sind. Deswegen wäre für Banken sinnvoll, die Verfahren der digitalen Signaturen mit Hilfe der Steganographie durchzuführen. Unter Stego-Verfahren versteht man hier die Wasserzeichenverfahren.

Man kann an dieser Stelle auch sagen, dass man zur sichereren Einbettung zusätzlich einen kryptographischen Wasserzeichenschlüssel benutzen kann. So erfüllt die Kombination der elektronischen Signaturen (Einbettung des kryptographisch hergeleiteten Hash-Wertes) mit den elektronischen Wasserzeichen (Einbettung der relevanten Archivierungsdaten, wahrscheinlich auch

---

[20] Vgl. [13] *Oesing* (2003), S. 3-13.

16

kryptographisch verschlüsselten) eigentlich alle Sicherungsanforderungen für digitale Dokumente. Solche bequeme Archivierungsmöglichkeiten für die elektronischen Belege bieten die Archiv-Module (z.B. „B-Sign"), die in der Archiven und Bibliotheken breit eingesetzt sind und hohe Perspektiven bei den Unternehmen versprechen, die viel mit digitalen Daten zu tun haben. Zum Kreis solcher Unternehmen gehören Banken, Versicherungen und andere Finanzdienstleistungsunternehmen.

In diesem Kapitel wurden die möglichen Anwendungen der Steganographie in Finanzinstituten am Beispiel von Banken besprochen (s. auch Abbildung 6). Für möglichst lückenlose Betrachtung aller Gebiete des Finanzwesens, wo die Benutzung der Steganographie sinnvoll sein kann, wird im nächsten Kapitel der Zusammenhang der Steganographie mit der Finanztätigkeit der Nicht-Finanzinstitute beschrieben.

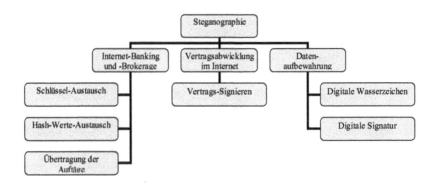

Abb. 6:

Abbildung 6: Anwendungsbereichen der Steganographie in Bankensektor

17

4. STEGANOGAPHIE IN DER FINANZWIRTSCHAFT

4.1. Theorie des Insider-Trading und Steganographie

Die globale Betrachtung der Steganographie im Finanzwesen (d.h. die Untersuchung der Anwendungsmöglichkeiten, die den Bereich der Finanzwirtschaft unabhängig von der Branchenzugehörigkeit des Unternehmens berühren) erlaubt, die Einsätze der steganographischen Methoden bei Übertragung der Information von Unternehmens-Insidern nach außen zu finden.

Theorie des Insider-Trading ist für das Finanzwesen relevant, weil die Übertragung der Insider-Information mit dem Ziel, günstige Geschäfte auf der Börse zu machen, unmittelbar den Bereich des Portfolio-Managements betrifft. Nach der Veröffentlichung kann die bestimmte Information sowohl die positive als auch negative Wirkung auf die Aktienkurse aufweisen. Z.B. besitzt der Hauptbuchhalter noch im Voraus die Information über den unerwartet hohen oder niedrigen Gewinn des Unternehmens im letzten Jahr, hat er die Möglichkeit sein Informationsvorteil zu benutzen, indem er die Aktien seiner Unternehmung entsprechend kauft oder verkauft. Weitere Variante der Insider-Information ist die Kenntnis der Anteilseigner von der vorgehabten oder stattgefundenen Fusion oder Übernahme[21].

Allerdings bildet der Staat Hindernisse für Insider-Trading. In manchen Ländern (z.B. USA) ist solcher Handel verboten, und die Insider-Trader werden bestraft. Zusätzlich dazu sind die bestimmte Personen in Unternehmungen (i.d.R. Top-Manager) gezwungen, alle ihre Transaktionen mit den Aktien ihrer Unternehmung sofort zu veröffentlichen, damit die Gesellschaft und die Börsen anhand des Insider-Verhaltens die mangelnde Information ermitteln könnte.

Die Schwierigkeiten können auftreten, weil das Insider-Trading nicht nur Top-Manager sondern auch andere Mitarbeiter ausführen können. Oder die Insider können die Information sogar nicht für Handel auf der Börse benutzen, sondern verkaufen diese an die Außenstehenden und dafür Geld als Honorar erhalten. Nicht immer gelingt es, die Top-Manager als Informationslieferanten zu bekommen. Mehr realistisch in dieser Situation scheinen die Mitarbeiter, die nur teilweisen Zugang zur nützlichen für Externen Information haben. Bei der beschränkten Möglichkeit, die Daten auf traditioneller Weise (verbal oder als Kopie, besonders bei hohen Volumen der Information oder bei gesicherten elektronischen Dokumenten) zu übertragen, haben die Insider nur einen einzigen Umweg – Sendung per E-Mail. Um die Übergabe nicht auffällig durchzuführen, können die Information-Trader die steganographischen Verfahren benutzen. Als die Medienträger können die

---

[21] Vgl. [5] *Cuthbertson* (1999), S. 93-121

Text- und Bilddateien verwendet werden. Wobei sehen die Text-Files viel harmloser aus, als Bilder, weil die letzten mit der Unternehmenstätigkeit nicht verbunden sein können. Die häufige Versendung der Graphikfiles fällt dabei ziemlich stark auf. Die Text-Files haben aber einen großen Nachteil gegenüber Bild-Dateien, und zwar, die Graphik-Formate bieten viel größeren Platz zur Einbettung als die Text-Dokumente.

4.2. Maßnahmen zur Vermeidung des Insider-Trading

Als Element der Unternehmenstätigkeit, der gegen der Übertragung der vertraulichen Information von Insider ausgerichtet ist, gelten die Verfahren der Stegoanalyse. Auf analoge Weise wie bei der Kryptoanalyse erlauben die stegoanalytischen Programme (wie z.b. EzStego), die versteckten Daten in harmlosen Files zu entdecken. Leider gelingt es sehr selten, die Daten auch zu extrahieren und zu entschlüsseln (wenn die Kombination von Krypto- und Stego-Verfahren verwendet wurde). Man braucht aber in meisten Fällen nicht zu wissen, welche Daten genau übertragen wurden. Es reicht nur, diese Übertragung zu verhindern.

Die Möglichkeiten der Entdeckung der Steganographie bietet ein visueller und ein statistischer Angriff auf Daten[22]. Ein visueller Angriff kann durch einen visuellen Einbettungsfilter (z.B. StegDetect, StegBreak usw.) durchgeführt werden, nach dessen Anwendung das menschliche Auge leicht die Tatsache des Versteckens erkennt. Z.B. bei Einbettung mit EzStego (in Bild-Files) werden die Farben durch eine Farbenpalette bestimmt. Mittels des Einbettungsfilters kann man diese Palette durch eine Schwarz-Weiß-Palette ersetzen. D.h. alle Farben werden durch Schwarz oder Weiß ersetzt. Die visuellen Verzerrungen zeugen von der Einbettung. Wenn die eingebettete Datengröße kleiner ist, als es möglich wäre einzubetten, und nicht über den gesamten Container verteilt ist, sind die Verzerrungen nicht an gesamter Bildfläche, sondern bis bestimmter Grenze ausgewiesen. Das passiert, weil nur ein Teil des ursprünglichen Files zur Einbettung verwendet wurde.

Der visuelle Angriff hat sehr gute Ergebnisse bei der Entdeckung der Steganographie in solchen Stego-Programme wie EzStego, S-Tools, Steganos usw. Problem des visuellen Einbettungsfilter besteht darin, dass man beim Testen das Vorhandensein der Steganographie erkennen kann, obwohl keine Nachricht dabei eingebettet ist. In der Sprache der Ökonometriker bedeutet das, dass der Fehler erster Art α beim Testen der Null-Hypothese „Steganographie liegt vor" groß ist.

---

[22] Vgl. [20] *Westfield*: http://os.inf.tu-dresden.de/~westfeld/publikationen/vis99.pdf

Deswegen hat man die alternativen Verfahren zur Entdeckung der Steganographie entwickelt. Das sind die so genannten statistischen Methoden. Die Idee der statistischen Angriffe besteht in dem Vergleich der tatsächlichen Häufigkeitsverteilung der Farben in einem File-Container mit theoretischer Wahrscheinlichkeitsverteilung. So untersucht z.B. die Chi-Quadrat-Methode (mit MS Excel, R oder SAS durchführbar) die statistischen Verteilung der LSBs. Die Veränderungen in den Frequenzeigenschaften benutzen z.B. EzStego, JSteg usw. Dabei führt man den Vergleich der Farbenhäufigkeit und der Verteilung der Mittelwerte durch. Im normalen Bild sind die Häufigkeiten der Farbwerte, die sich nur mit einem Bit unterscheiden, verschieden, sind nach der Einbettung aber relativ gleich. Die Steganographie liegt vor, wenn die Mittelwerte und die Werte der Häufigkeitsverteilungen aller Farbenpaare fast identisch sind. Obwohl die Schnelligkeit dabei relativ niedrig ist, sind die statistischen Angriffe viel genauer als die visuellen.

Große Schwierigkeiten liegen bei der Entdeckung der Steganographie vor, wenn die Einbettung durch sichere Programme wie MP3Steg, F5 und andere durchgeführt wurde. Weil die einzelne Angriffsmethoden individuell gegen den einzelnen Stego-Verfahren ausgerichtet sind, kann man in der Zukunft auch die Erkennbarkeit dieser zur Zeit sicheren Methoden erwarten.

In diesem Kapitel wurden also nicht die Möglichkeiten des Einsatzes der Steganographie gesucht, sondern wurde von der Annahme ausgegangen, dass die steganographischen Methoden bereits angewendet werden. Dagegen wurden die Verfahren zur Entdeckung und Vermeidung des Stego-Einsatzes besprochen. Es wurde festgestellt, dass es ziemlich kompliziert ist (obwohl bestimmte Möglichkeiten der Angriffe auf die Steganographie existieren), den File mit eingebetteter Information zum visuellen oder statistischen Test zu unterziehen. Es liegt ein Problem der riesigen Informationsflüsse vor.

5. ANALYSE DER EINSATZMÖGLICHKEITEN FÜR STEGANOGRAPHIE IM FINANZSEKTOR

Basierend auf den letzten zwei Kapiteln kann man die Schlussfolgerung machen, dass die Steganographie zur Lösung der folgenden Probleme im Finanzsektor angewandt werden kann:

Erstens - zum Schutz der vertraulichen Information gegen den unbefugten Zugang beim Verschicken per E-Mail. Dazu gehören die oben genannten Bereiche der Steganographie wie Verstecken der Botschaft in Audio-, Bild- und Videofiles (selten), die Informationsübertragung im digitalen Rauschen sowie Verstecken der digitalen Signaturen.

Zweitens - zur Bestätigung der Authentikation der digitalen Belege. Steganographie schützt gegen der unbefugten Verwendung der bestimmten aufbewahrten Daten.

Drittens - zum Widerstand gegen die Monitoring-Systeme. Steganographie leistet hier Gegenwirkung der Informationskontrolle beim Übergang über den Unternehmens-Server (z.B. bei der Absetzung der Insider-Information).

Es gibt einen Vorteil für die Steganographie, der allerdings oftmals auch ein entscheidend sein kann. Da die Existenz der geheimen Nachricht explizit nicht ausgewiesen ist, gibt der Sender damit keinen Anreiz für die Externen, auf diese Sendung zu reagieren.

Der große Nachteil der Steganographie ist, dass die verborgene Botschaft auch für den Empfänger unsichtbar ist. Der Adressat muss also im Voraus über die Existenz der geheimen Sendung informiert werden oder routinemäßig alle erhaltenen Nachrichten überprüfen. Wegen der Vielzahl der möglichen steganographischen Verfahren müssen Sender und Empfänger im Voraus die verwendeten Methoden bestimmen. Das geht auch eine Schlüsselübermittlung an.

Wenn geheime Nachrichten im Klartext mittels der Steganographie verarbeitet werden, bedeutet deren Entdeckung, dass auch ihr Inhalt damit bekannt ist. Dies lässt sich allerdings vermeiden, wenn die steganographische und kryptographische Verfahren kombiniert werden, was jedoch auch die Aufwendungen entsprechend erhöht.

Noch ein Nachteil der Steganographie (im Vergleich zur Kryptographie) besteht darin, dass steganographischen Verfahren sehr überflüssig sind. D.h. der Umfang der notwendigen (versteckten) Information ist viel weniger als die Größe der Container-Files. Also wenn dieser Sachverhalt im Zusammenhang mit dem Problem des Kryptographie-Verbots betrachtet, dann kann man sagen, dass die Steganographie die Kryptographie vollkommen nicht ersetzen kann. In dieser Situation braucht man bei großen Volumen der zu schickenden Information viele Files zu senden. Das kann ziemlich komisch und somit auffällig aussehen, wenn sich zwei Parteien die Daten austauschen, zu denen sie kaum in Beziehung stehen (z. B. Versand von Banken mehrerer Bilder). Das wird unbedingt ein Verdacht hervorrufen.

Die Steganographie im Finanzwesen kann sowohl bei gesetzmäßig legaler Tätigkeit, als auch bei den verbotenen Manipulationen angewendet werden. Im ersten Falle hilft die Steganographie bei der Sicherheit (gegen unbefugtem Zugriff und unbefugter Verwendung) der Daten, die über das Internet von oder an Finanzinstituten übertragen werden sollen. Im zweiten Falle benutzen die Unternehmensmitarbeiter die Steganographie bei illegaler Übertragung der geheimen Daten nach außen, damit jemand anhand dieser Information die günstigen Finanztransaktionen tätigen kann. Gegen solche Übertragung können die Unternehmen die visuellen oder statistischen Angriffe auf Steganographie betreiben. Nachteil dieses Vorganges besteht darin, dass die Unternehmung oft nicht in der Lage ist, die sämtliche Datenabflüsse wegen ihrer Größe permanent zu überprüfen. Während die visuellen Filter in Monitoring-Systeme der Unternehmung eingegliedert werden können, finden die statistischen Überprüfungen lediglich das individuelle Anwendung gegen bestimmte (vom Prüfer gewählte) Files. Idealerweise sollte die Unternehmung im Voraus wissen, wann die Insider die Nachrichten schicken werden. Die visuellen Angriffe haben ihrerseits die Schwierigkeiten mit der Genauigkeit der Steganographie-Ermittlung. Also trotz der guten theoretischen Ergebnisse haben die steganographischen visuellen Filter und statistische Methode Probleme bei der Anwendung in der Praxis. Außerdem existieren auch die Softwares, die bisher Robustheit gegen beliebige Angriffe aufgewiesen haben.

Es gibt bestimmte Unbequemlichkeiten auch im Bereich des digitalen Watermarking. Bisher existieren noch keine unlöschbare digitalen Wasserzeichen. Alle vorhandenen Wasserzeichen wurden nur gegen bestimmte Standardangriffe getestet. Aber für jedes spezielle Wasserzeichen wird immer ein spezieller Angriff (wie z.B. UnZign und StirMark) ausgearbeitet[23].

Also in allen Anwendungsbereichen der Steganographie existieren bestimmte Nachteile. Man soll das mit der Notwendigkeit vergleichen, die Nachricht unauffällig zu senden. Der erwartete Nutzen aus dem Einsatz der Steganographie ist von der konkreten Situation abhängig. Dieser Nutzen kann im Sicherheitsgrad bei Informationsübertragung geäußert werden. Also man soll die steganographischen Methoden als Alternative zur Kryptographie nur dann verwenden, wenn das einen höheren geschätzten Nutzen bringt.

Intuitiv kann man sofort sagen, dass bei der Absetzung der Insider-Information die steganographischen Methoden viel nützlicher als die kryptographischen sind. Das passiert, weil die Insider nicht nur den Inhalt der zu übertragenden Information, sondern eher in erster Linie die

---

[23] Vgl. [24] http://xcrypt.iu4.bmstu.ru/stegano.html

eigentliche Tatsache der Übertragung verdecken wollen. Das Beispiel des Insider-Trading bestätigt auch die Aussage, dass im Falle der Steganographie fast immer die illegale Tätigkeit gemeint wird.

Für andere Einsatz-Möglichkeiten im Finanzsektor kann nur die gründliche Untersuchung Antwort auf die Frage „was ist günstiger – Kryptographie oder Steganographie?" geben. Dagegen wird die Benutzung der Steganographie im Tandem mit Kryptographie in vorgeschlagenen Bereichen sofort zu höherer Sicherheit und damit zu höheren Nutzen führen.

6. FAZIT

Im Rahmen dieser Seminararbeit wurden die vorhandenen steganographischen Verfahren, Techniken und Programmen untersucht. Diese Kenntnisse wurden in weiteren Kapiteln benutzt, indem man die Abgrenzung der Anwendung verschiedener Methoden in bestimmten Bereichen des Finanzwesens gemacht hat. So werden die steganographischen Verfahren für das Verstecken der Nachrichten in Online-Banking benutzt; diese für digitalen Watermarking – aber in Datenbanken. Was die Stego-Softwares betrifft, existiert kein perfektes Programm. Alle Programme sind in bestimmter Proportion entweder sicher, oder hochproduktiv. Von Bedeutung ist auch die Benutzerfreundlichkeit. Solche heterogene Eigenschaften führen zum unvermeidlichen Trade-Off bei der Auswahl der steganographischen Software.

Bei der Betrachtung des Finanzwesens im engeren Sinne (nur die Unternehmen des Finanzsektors) wurden die Anforderungen für Datensicherheit in Banken mit Anwendung der Informationstechnologien diskutiert. Im Internet-Banking wird die kryptographische Verschlüsselung zum Datenschutz verwendet. Die benutzten Verfahren (wie RSA oder IDEA) gewährleisten eine sehr hohe Sicherheitsqualität und sind ziemlich resistent gegen die Angriffe. Es existiert trotzdem die theoretische Möglichkeit für Anwendung der Steganographie im Rahmen des Internet-Banking z.B. beim Tauschen der kryptographischen Schlüssel oder der Hash-Werte. Das bietet aber keinen großen Vorteil, weil die vorhandenen kryptographische Methoden bisher bei diesen Operationen sicher funktioniert haben. Außerdem können die Aufträge an die Bank oder den Broker geheim übertragen werden. Die Anwendung der Steganographie ist an dieser Stelle auch theoretisch möglich. Der Nachteil solcher Einsätze besteht darin, dass die Kommunikation durch Installieren und Benutzung der zusätzlichen Softwares umständlicher wird, wobei das zur zusätzlichen Sicherheit nicht führt. Wenn man aber dagegen die Steganographie nicht statt, sondern zusammen mit der Kryptographie verwendet, erhält man noch höheren Grad der Sicherheit der übertragenen Daten.

Man kommt zu gleichen Schlussfolgerungen bei der Betrachtung der Steganographie im Bereich der Abwicklung der elektronischen Verträge. Bei der digitalen Signatur ist auch sinnvoll, die beiden Techniken zu kombinieren.

Bei der Aufbewahrung der Information in Datenbanken wurde vorgeschlagen, für die eingescannten Dokumente die erfolgreich in Archiven eingesetzten Verfahren der digitalen Wasserzeichen zu verwenden. Nachteil solcher Methoden besteht in schneller Entwicklung der speziellen Angriffsalgorithmen gegen diese digitalen Wasserzeichen.

Im nächsten Schritt wurde das Finanzwesen im weiteren Sinne betrachtet, und zwar die Finanztätigkeit der Unternehmen, die nicht zum Finanzsektor gehören. Hier wurde besprochen, wie bestimmte Personen anhand der noch nicht veröffentlichen Information die abnormale Gewinne auf dem Kapitalmarkt erwirtschaften können. Zur Übertragung der nicht veröffentlichen Information benutzen die Unternehmens-Insider die steganographischen Methoden. Also der Schwerpunkt der Diskussion ist in diesem Teil der Seminararbeit die Entdeckung der Steganographie durch visuelle und statistische Angriffe. Nachteil dieses Vorschlags besteht darin, dass die Unternehmen kann nicht permanent alle ausgegangene E-Mails mit dem Stego-Filter überprüfen. Die statistischen Angriffe (z.B. durch Excel oder SAS) können nur für einzelne Files benutzt werden, d.h. wenn der Prüfer das Vorhandensein der Steganographie im bestimmten File mit hoher Wahrscheinlichkeit einschätzt. Außerdem sind mehrere Programme ziemlich robust gegen die visuellen und/oder statistischen Angriffe.

Anschließend wurde die Zusammenfassung der möglichen Anwendungsbereiche der Steganographie im Finanzwesen gemacht und die Vorteile sowie Nachteile der steganographischen Methoden überhaupt und im Zusammenhang mit dem Finanzsektor diskutiert. Den Vergleich der möglichen Nutzenerhöhung mit den Installationsaufwendungen nach der Einführung der Stego-Software kann man nur innerhalb der gründlichen Untersuchung verwirklichen. Dagegen wurde die Aussage über die eindeutige Vorteilhaftigkeit der Steganographie für Insider-Trader getroffen. Leider ist nicht das Verstecken von Information, sondern ihr Entdecken hier von Bedeutung.

Am Ende der Arbeit wurde festgestellt, dass die Anwendung der Steganographie in Kombination mit der Kryptographie sinnvoll für die im Kapitel 3 besprochenen Bereiche des Internet-Banking, der Vertragsabwicklung im Internet und der Informationsaufbewahrung ist. Damit ist das gestellte Ziel, die Einsatzmöglichkeit in Finanzwesen für Steganographie zu finden, erreicht.

ANHANG A. TABELLEN

Tabelle 1: Steganographischen Techniken mit Verwendung der Format-Eigenschaften
[in Anlehnung an [22] *Барсуков, В.С.*: „Компьютерная стеганография: вчера, сегодня, завтра"]

Methode	Charakteristik	Eigenschaften
1. Benutzung der Ränder, die zur Erweiterung reserviert wurden.	Solche Ränder existieren in vielen Multimedia-Formaten, sie werden mit der leeren (Null-) Information ausgefüllt und vom Programm nicht berücksichtigt.	Für diese Methode spricht die Einfachheit der Verwendung, dagegen sprechen niedriger Geheimhaltungsgrad und die Übertragung von kleinen Informationsvolumen
2. Spezielle Formatierung des Textfiles		
a). Verschiebung der Textelemente	Bekannte Verschiebung von Wörtern, Sätzen und Absätzen. Das Verfahren basiert sich auf der Veränderung der Zeilenlage und der Wortlage durch Einfügung der zusätzlichen Leerzeichen.	Methoden haben niedrige Produktivität (geringe Informationsvolumen) und schwachen Geheimhaltungsfähigkeit.
b). Null-Chiffre	Auswahl der bestimmten Positionen von Buchstaben. Es ist an dieser Stelle Acrostich-Methode zu erwähnen, bei der z.B. die ersten Buchstaben der Wörter oder der Zeilen eine Botschaft gestalten.	Gründe der Auswahl dieser Methode sind die Einfachheit und das Vorhandensein der entsprechenden Computer-Software.
c). Benutzung der verborgenen Felder	Benutzung der Eigenschaften von den auf dem Display nicht abgebildeten Rändern. Man benutzt diese verborgenen Felder, um die Fußnoten und Verweise zu organisieren. Traditionelles Beispiel: schwarze Schrift auf dem schwarzen Hintergrund.	
3. Verstecken in den nicht benutzten Abschnitten von Floppy-Disken	Information wird z.B. im Null-Track gespeichert	Nachteile und Vorteile dieser Methode sind wie bei dem obigen Verfahren
4. Verwendung der Imitationsfunktionen (mimic function)	Dabei wird ein sinnvoller Text generiert, der die Botschaft verbirgt. Das ist die Verallgemeinerung der Akrostich-Methode.	Vorteil von Imitationsfunktionen ist die geringe Verdächtigkeit des übertragenen Textes
5. Entfernung der Identifizierungs-Überschrift für den File	Nach der kryptographischen Verschlüsselung wird dem resultierenden File die Überschrift entnommen. Der Empfänger weiß vornherein über die Botschaft und hat die fehlende Überschrift	Nachteil der Methode ist darin, dass man die zusätzliche Information (Überschrift) im Voraus übertragen muss. Außerdem werden die Daten nur teilweise versteckt. Als Vorteil gilt die Einfachheit der Verwendung, weil viele Programme diese Methode mit dem PGP-Algorithmus realisieren, wie z.B. White Noise Storm und S-Tools

III

Tabelle 2: Sichere steganographischen Software [In Anlehnung an [17] StegoArchive.Com]

Programm	Formate	Operationssystem	Charakteristik
JPSH-Win	JPEG	Windows	Eine schlüsselgesteuerte Zustandsfolge entscheidet über Veränderung des Frequenzkoeffizienten in der JPEG-Datei. Der Betrag wird entweder um 1 oder um 2 verändert. D.h. ohne den Schlüssel kann die Koeffizientenveränderung nicht nachvollgezogen werden. Was die Kapazität bei Anwendung von JPSH Win angeht, beträgt sie verhältnismäßig 10% vom Container.
F5	JPEG	Windows	Das Programm ist robust gegen die visuellen und statistischen Angriffe. Hier wird so genannte permutative Spreizung verwendet, d.h. Spreizung der geheimen Botschaft über die ganze Container-Datei. Außerdem benutzt F5 auch die Matrixkodierung, was erlaubt, durch die Änderung eines Bits 9 neuen Bits einzubetten. Vorteil dabei ist die verringerte Anzahl der notwendigen Änderungen. Kapazität ist bei 13%.
Outguess	JPEG	Windows	Das Programm wurde als Reaktion auf erfolgreiche statistische Angriffe auf JSTEG-Systeme entwickelt. Outgess benutzt die kompensierte Veränderung der Frequenzkoeffizienten. Wenn der Programm-Algorithmus einen Frequenzkoeffizient (z.B. um 1) ändert, wird ein Frequenzkoeffizient auf beliebiger anderer Stelle (zufällig gewählter) auch um 1 aber in Gegenrichtung geändert. Als Ergebnis dieser Kompensation tritt die ursprüngliche Häufigkeit auf. Kapazität ist bei 10%.
Mp3Stego	MP3	Windows	Robustheit dieses Programms wird durch die niedrige Kapazität verursacht. Die beträgt weniger als 0,003%.

Tabelle 3: Andere steganographischen Software [In Anlehnung an [17] StegoArchive.Com]

Programm	Formate	Operationssystem	Charakteristik
Contraband	BMP	Windows	Dieses Programm lässt die beliebigen Daten in BMP-Files (24 Bits) verstecken.
FFEncode	TXT	DOS	Das Programm ist sehr einfach. Das benutzt die Eigenschaft verschiedener ASCII-Codes, im DOS als Leerzeichen dargestellt zu werden. Also FFEncode verwendet bei Darstellung von Leerzeichen verschiedene ASCII-Codes. Auf solcher Weise wird die geheime Information als die Menge der Leerzeichen im TXT-File versteckt. Diese Methode ist aber leicht zu entdecken.
Hide&Seek	GIF	DOS	LSBs des GIF-Files werden durch einen Zufallszahlengenerator ausgewählt. Zusätzliche Sicherheit gibt auch eine vorläufige Verschlüsselung der zu schickenden Botschaft. Die Benutzung dieser Methode ist sogar mit visuellen Angriffen zu entdecken, weil das modifizierte Bild sehr unterschiedlich vom ursprünglichen ist.
Hide4PGP	BMP, WAV, VOC	OS-übergreifend (Source code in C)	Dieses Programm kann nicht nur LSB benutzen, sondern auch 4 oder 8 Bits im Byte. Hide4PGP hat zusätzliche Optionen für die Sortierung von Farbpaletten.
PGMStealth	PGM	OS-übergreifend (Source code in C)	Output dieser Stego-Software sind die Grauwert-Bilder. Auswahl von LSB erfolgt durch Ausführung

Programm	Formate	Operationssystem	Charakteristik
			einer Option in Stealth.
JPEG-JSTEG	JPEG	OS-übergreifend (Source code in C)	Das Programm wurde von "Independent JPEG-Group" ausgearbeitet. Durch dieses Programm wird das verlustfreie Kompressionsverfahren zweistufig durchgeführt. Zuerst verwendet das Programm die verlustbehaftete Kompression: die Kosinus-Transformation und Quantisierung. Als Ergebnis liegt eine Bild-Datei in Form von Frequenzkomponenten vor. In allen „Nicht-Null"-Frequenzkomponenten ersetzt das Programm die LSBs mit den Bits der einzubettenden Nachricht. An dieser Stelle kommt die zweite Stufe – die verlustfreie Kompression. Wegen der Änderung der Frequenzkomponenten kann man nicht leicht die versteckte Botschaft mittels der Untersuchung der LSBs entdecken. Als Nachteil des Programms ist die Unflexibilität zu erwähnen. Die übertragende Botschaft darf keine Bits verlieren, d.h. das kein verlustbehaftetes Kompressionsverfahren geeignet ist, diese Datei fehlerfrei aus dem Container zu extrahieren.
Mandelsteg	GIF	OS-übergreifend (Source code in C)	Das gebastelte Bild ist sehr dem Original ähnlich. Es unterscheidet sich nur mit den Farbenwerten. Auswahl des Bits als Ort zum Versteck der Information ist benutzerdefiniert. Mittels des C-Compilers kann man dieses Programm in DOS-kompatibles Format umwandeln.
PGE	GIF	DOS	PGE bedeutet „pretty good envelope". D.h. die Botschaft wird wie in ein Briefumschlag eingepackt. Die zu übertragende Botschaft wird an das Bildfile angehängt (nicht eingebettet). Das Bildfile spielt jetzt nicht die Rolle des Containers sondern der so genannten Mutterdatei. Am Ende der Mutterdatei taucht ein Code auf, der auf den Anfang der angehängten Nachricht einen Link gibt. Das Bild selbst scheint ziemlich harmlos bei der Untersuchung hinsichtlich der Verwendung der Steganographie.
Texto	TXT	OS-übergreifend (Source code in C)	Mittels des C-Programms kann man die zu versteckende Daten in die Sätze englischer Sprache umwandeln, die einigermaßen harmlos aussehen und an die sinnlose Gedichte erinnern. Jedes Wort des Textes stellt den ASCII-Code dar (z.B. relevant ist die Anzahl der Buchstaben in Wörter). Wenn dieses Verfahren einmal entdeckt ist, kann man leider das weiter nicht verwenden (wegen der Offensichtlichkeit für den Attaker).
Piilo	PGM	OS-übergreifend (Source code in C++)	Output ist das Grauwert-Bild. Zur Auswahl des Pixels und zur Kodierung der Daten braucht man einen Schlüssel. Änderung erfolgt nur in LSBs. Für die Arbeit mit Piilo sind der C++-Compiler und eine Zusatz-Library (ist vom FTP-Server herunterzuladen) notwendig.
Snow	TXT	OS-übergreifend (Source code in C)	Die Daten werden in ASCII-Code konvertiert (d.h. die Bits der Information werden zur Reihenfolge der Leerzeichen und Tabulatoren) und am Ende der Textdatei eingefügt. Dieses Verfahren ist auch leicht zu erwischen, besonders wenn die Größe des Textfiles höher ist als es normalerweise bei dem vorhandenen sichtbaren Text wäre.

Programm	Formate	Operationssystem	Charakteristik
Stealth	PGM	OS-übergreifend (Source code in C)	Das ist nicht das Programm zum Verstecken, sondern zur Zusammenarbeit mit solchen Programmen. Und zwar für die Daten, die mit dem PGP-Algorithmus versteckt wurden. Stealth löscht die Information über PGP-Botschaft in Überschrift des Files enthalten ist. Also die Nachricht bleibt im Container aber ohne Überschrift und somit ohne den Zugriff.
Steganos	BMP, DIP, WAV, VOC, TXT, RTF, DOC	Windows	Eine der bekanntesten Programme hat ein benutzerfreundliches Interface. Wichtigste Vorteile sind sehr einfache Bedienung des Benutzers und relativ hohe Robustheit gegen Angriffe an die Verstecke in Bilddateien. Das ist ein einfaches und trotzdem sehr mächtiges Programm für Chiffrierung und Versteckung der Daten in Files von BMP-, DIB-, VOC-, WAV-, ASCII- und HTML-Formate. Steganos enthält sein eigenes Shredder (das Programm für Entfernung der Files an der Festplatte).
StegFS	EXT2F	Linux	Dieses Programm ist frei herunterzuladen. Das enthält eine Hierarchie der zu chiffrierenden File-Systeme. D.h. jeder Schlüssel erlaubt den Zugang nur zu einer bestimmten Ebene. Hier werden zuverlässige Chiffrierungsmethoden unterstützt: AES, Twofish, Serpent und MARS. Totale Sicherheit wird aber nicht garantiert, weil die kompromittierende Files in Ordner TMP bleiben können. Nachteile dieses Programms sind niedrige Produktivität, keine Möglichkeit der Registerführung und des Informationsverlustes wegen Unvorsichtigkeit.
Steganosaurus	TXT	OS-übergreifend (Source code in C)	Das Programm nimmt die einzelnen Wörter nach dem bestimmten Algorithmus aus der zu versteckende Nachricht heraus und bildet die zufällige sinnlose Reihenfolge dieser Wörter in neuem Dokument. Die Kodierung entdeckt man sehr leicht einfach bei einem Überblick des Textes. Allerdings wurde dieses Programm für die Möglichkeit des Umwegs der Detektionsprogramme (z.B. Echelon) entwickelt.
EzStego (Stego-Online)	GIF	OS-übergreifend (Source code in Java)	Die Einbettung erfolgt online, d.h. der Benutzer soll die einzubettende Datei und den Container nach Server schicken, bekommt danach schon den fertigen Ergebnis-File zurück. Zuerst kopiert EzStego die Farbpalette des Bildes und sortiert die Farben so, dass die ähnlichen Farben nebeneinander angesiedelt sind. Danach wird die herkömmliche Prozedur der Ersetzung der LSBs mit den Bits der Nachricht verwirklicht. Für sehr unzuverlässig gilt die Sendung der geheimen Datei offen nach Server. Deswegen ist die breite Verwendung dieses Programms fraglich. Alles ist vom Vertrauen oder Missvertrauen des Benutzers abhängig.
S-Tools4	BMP, GIF, JPEG, WAV, VOC, MP3	Windows	Das Programm kann vor der Einbettung die Nachricht für die hohe Sicherheit noch komprimieren oder verschlüsseln. Der Verschlüsselsalgorithmus hat sehr viele Nachteile, und zwar, ist leicht zu entschlüsseln. Bei der Einbettung durch die Ersetzung der LSBs wird der Zufallszahlengenerator benutzt. Ein der Vorteile dieses Programms ist der sehr benutzerfreundliche Interface.

ANHANG B. GLOSSAR

[Quelle 1: [3] Broadcast Engineering and Training Lexicon]

[Quelle 2: [10] *Gnädinger* (2002)]

AVI – Audio/Video Interleave (Videoformat)

BMP – Bitmap (Bildformat)

DES - Data Encryption Standard. Der DES wurde im Jahre 1977 als US-Verschlüsselungsstandard vom National Bureau of Standards (NBS) genormt. Der DES ist ein symmetrisches Verschlüsselungsverfahren und verschlüsselt 64-Bit-Daten auf der Grundlage von Feistelchiffren mit einem 56-Bit-Schlüssel.

DCT - Discrete Cosine Transformation. Weit verbreitetes System zur Datenreduktion von Videosignalen. Dabei wird ein digitales Videosignal zunächst in Datenblöcke, z.B. mit je 8x8 Bildpunkten, zerlegt. Danach findet eine zunächst verlustfreie Umwandlung der Helligkeitsinformationen pro Bildpunkt in eine Frequenzinformation statt. Daneben wird eine Tabelle erzeugt, die verschiedene Frequenzen in dieser Blockform repräsentiert. Diese nach Häufigkeit geordneten Frequenzinformationen der Bildpunkte eines 8x8 Blocks können nun je nach gewünschtem Reduktionsfaktor so bearbeitet werden, daß weniger häufig auftretende Frequenzmuster nicht übertragen werden.

DOS – Disc Operation System

eCash - Elektronisches Handelssystem mit hohem Sicherheitsstandard, mit dem via Internet Dienstleistungen und Waren gekauft werden können. eCash stellt eine sichere, anonyme und durchaus kostengünstige Methode für Online-Zahlungen dar.

GIF – Graphics Interchange Format (Bildformat)

GoBS – Grundsätze ordnungsmäßiger DV-gestützter Buchführungssysteme (Schreiben des Bundesministeriums der Finanzen an die obersten Länder)

GDPdU – Grundsätze zum Datenzugriff und zur Prüfbarkeit digitaler Unterlagen (Schreiben des Bundesministeriums der Finanzen)

Hash-Wert - ist ein skalarer Wert, der aus einer komplexeren Datenstruktur (Zeichenketten, Objekte usw.) mittels einer Hash-Funktion berechnet wird. Die Bedeutung dieses Informatik-Begriffes liegt darin, dass diese Zuordnung möglichst eindeutig ist, so dass Hash-Werte als Schlüssel für große Mengen an Datenstrukturen in assoziativen Arrays benutzt werden können. Hash-Algorithmen sind darauf optimiert, so genannte 'Kollisionen' zu vermeiden. Eine Kollision tritt dann auf, wenn zwei verschiedenen Datenstrukturen derselbe Schlüssel zugeordnet wird

HBCI - Home Banking Computer Interface. HBCI ist aus einer konzentrierten Aktion des Bundesverbandes deutscher Banken, deutscher Sparkassen und Giroverband, dem Bundesverband der deutschen Volksbanken und Raiffeisenbanken entstanden. Es soll mit diesem Standard ermöglicht werden, dem Kunden den vollen Leistungsumfang der Kreditinstitute über öffentliche Netze (z.B. Internet) zu ermöglichen.

ID – Identification

Internet-Banking - Erweiterte Form des Homebanking. Während letzteres bedeutet, dass man privaten Bankgeschäften - ohne persönlich in der Geschäftsstelle erscheinen zu müssen - von Zuhause aus nachgeht, umfasst E- oder Online-Banking sämtliche über Rechnernetze abgewickelte Bankgeschäfte - also auch im Business-Bereich.

Internet-Brokerage - Begriff aus dem E-Commerce. E- oder Online-Brokerage ist Bestandteil des E-Banking und meint allgemein den Aktienhandel per Internet und damit auch die Zeichnung von Internet-Emissionen.

IT - Informationstechnologien

IDEA - International Data Encryption Algorithm. Er wurde aus Proposed Encryption Standard entwickelt. Es ist eine 64-Bit-Blockchiffre mit einer 128-Bit-Schlüssellänge.

ISDN - Integrated Services Digital Network. Dienstintegrierendes digitales Fernmeldenetz. Breitbandiges digitales Kabelnetz für die Übertragung von Sprache, Text, Daten und Bildern. Die Datenrate beträgt 64 kBit/Sekunde pro Kanal.

Java-Applet - Ein Programm, welches sowohl aus Java–Beans (Bezeichnung für die auf Java basierenden plattformunabhängigen Software-Komponenten) als auch aus eigenen Funktionen zusammengesetzt ist. Dieses Programm kann nach der Erstellung entweder direkt im Applet-Viewer ausgeführt werden, wie jedes andere Programm auch, oder es kann in eine Web-Site eingebaut werden. Hier kann es dann ausgeführt werden, sobald ein User auf diese Seite geht. Diese Eigenschaft ist sehr nützlich, da HTML nicht die Möglichkeit bietet, komplexere Programme direkt in die Web-Site zu programmieren.

JPEG/JPG – Joint Photographic Expert Group (Bildformat)

LSB - Least Significant Bit. Niederwertigstes, in einer Bit-Kette am weitesten rechts stehendes Bit eines Bytes.

LSB-Methode - So können bei der Einbettung die niederwertigsten Bits (eines jeden Byte (bestehend aus 8 Bits) durch einzelne Bits (0 oder 1) der geheimen Daten ersetzt werden.

MPEG – Motion Picture Expert Group (Videoformat)

MP3 – MPEG Audio Layer 3 (Tonformat)

PIN – Personal Identification Number

VIII

PNG – Portable Network Graphic (Bildformat)

PGP - Pretty Goud Privacy = recht gute Geheimhaltung. Diese Verschlüsselungssoftware wurde von Phil Zimmermann entwickelt. Es benutzt ein hybrides Verschlüsselungsverfahren und sieht ein dezentrales Schlüsselmanagement für die Schlüsselverteilung vor.

Quantisierung - Anzahl der digitalen Pegelstufen, die bei der Analog/Digital-Wandlung von Audio- und Videosignalen verwendet werden. Audiosignale werden z.B. mit 16 Bit, entsprechend 65.536 Lautstärkestufen, Videosignale z.B. mit 8 Bit, entsprechend 256 Helligkeitsstufen, oder 10 Bit, entsprechend 1.024 Helligkeitsstufen, aufgelöst.

Quantisierungsrauschen - In digitalen Messsystemen befindet sich die beobachtete Größe oft zwischen 2 gleich wahrscheinlichen Messwerten. Welcher Messwert genommen wird, unterliegt dem Zufall. Dieser Effekt wird Quantisierungsrauschen genannt.

RSA - RSA ist eine Abkürzung aus den ersten Buchstaben der Kryptologen. R – Ron Rivest, S – Adi Shamir, A – Leonard Adleman. Das ist ein asymmetrisches Verschlüsselungsverfahren. Die Sicherheit basiert auf der unbewiesenen Annahme, dass es sehr schwer ist, Zahlen in ihre Primfaktoren zu zerlegen, und es nicht möglich ist, den diskreten Logarithmus hinreichend effizient zu berechnen.

SET - Secure Electronic Transaction. Das Protokoll stellt den Zusammenschluss der Protokolle STT (von Microsoft und VISA entwickelt) und SETT (von IBM Zürich und MasterCard entwickelt) dar. Es ermöglicht sichere Bezahlungen im Internet mit Kreditkarten.

SSL - Security Socket Layer. Das Protokoll wurde von der Netscape Communication Corporation (NCC) entwickelt. Es ermöglicht die sichere und interaktive Übertragung von Daten online verbundener Rechner im Internet sowie unterstützt moderne Authentifizierungsverfahren.

SVRV – Sozialversicherungsrechnungsverordnung. Verordnung über den Zahlungsverkehr, die Buchführung und die Rechnungslegung in der Sozialversicherung

TAN – Transaction Number

TIFF – Tanged Image File Format (Bildformat)

WAV – Wave = Welle (Tonformat)

LITERATURVERZEICHNIS

1. *Baur, J./Gaertner, C./Mlinar, M.*: Steganographie.
http://www-stud.fht-esslingen.de/projects/krypto/stega/stega-3.html
(Zugriff 16.05.2004 10:30)

2. *Bender, W./Gruhl, D./Morimoto, N./Lu, A.* (1996): Techniques for data hiding. IBM Systems
Journal, vol.35, NOS 3&4, S. 313-335

3. Broadcast Engineering and Trainig Lexicon
http://www.bet.de/lexikon/lexikon_frame.htm
(Zugriff 01.07.2004 15:00)

4. *Bundesverband deutscher Banken* (2001): Informationen für Online-Banking-Nutzer. Online-
Banking-Sicherheit, BVdB-Verlag

5. *Cuthbertson, Keith* (1999): Quantitative financial economics: stocks, bonds and foreign
exchange, Chichester, Wiley

6. Der RSA-Algorithmus
http://www.tschenke.de/rsa/RSA.html
(Zugriff 18.05.2004 19:00)

7. *Franz, Elke*: Steganographie bei ISDN-Gesprächen.
http://www.inf.tu-dresden.de/~aw4/stego/ISDN-Beispiel.pdf
(Zugriff 12.05.2004 13:00)

8. *Gadegast, F.*: TCP/IP-basierte Dienste zur Speicherung von Multimedia-Daten.
http://www.powerweb.de/phade/diplom/kap232.htm
(Zugriff 20.05.2004 11:00)

9. *Gerold, Anton*: Kryptologie – eine überführende Übersicht
http://home.in.tum.de/~gerold/neuestefassung/stegmod.html

(Zugriff 12.05.2004 14:00)

10. *Gnädinger, Lars/Ernst, Cristoph* (2000): E-Commerce, Zürich, Zürcher Hochschule Winterthur-Verlag

11. *Guardeonic Solutions AG* (2002): Sicherheit im Banken- und Finanzwesen (White Paper), München, Guardeonic-Solutions-Verlag

12. Kryptologie im Informatikunterricht
http://rst.et.htwk-leipzig.de/kontakte/Fechner/projekte/krypto/krypto1.htm
(Zugriff 16.05.2004 15:30)

13. *Oesing, Ursula/Krüger, Roland* (2003): Sichere Archivierung von Bilddokumenten und Belegen mittels digitaler Wasserzeichen. MediaSec Technologies

14. *Simmons, G. J.* (1994): Subliminal Channels: Past and Present, European Trans-actions on Telecommunications, vol. 4, n. 4, Jul/Aug, S. 459 – 473

15. *Schneppe, U.*: Elektronischer Zahlungsverkehr im Internet
http://ulrich.schneppe.bei.t-online.de/s1916/teil61.htm#punkt612
(Zugriff 25.05.2004 12:30)

16. *Stefani, Sven*: Asymmetrische Verschlüsselungsverfahren im Spannungsfeld zwischen innerer Sicherheit und Teilnehmerautonomie
http://www.uni-kassel.de/~sstefani/html/uni/krypto01.htm
(Zugriff 28.05.2004 14:30)

17. StegoArchive.Com http://www.stegoarchive.com/
(Zugriff 16.05.2004 13:00)

18. *Tietz, Walter*: Computer-Sicherheit
http://home.t-online.de/home/walter.tietz/cs.htm
(Zugriff 30.05.2004 18:00)

19. *Wegscheider, Walter*: Recht und Sicherheit im Internet
http://www.pinoe-hl.ac.at/bildung/intel/recht/recht_handout.pdf
(Zugriff 18.05.2004 16:30)

20. *Westfeld, Andreas*: Angriffe auf steganographischen Systeme.
http://os.inf.tu-dresden.de/~westfeld/publikationen/vis99.pdf
(Zugriff 12.05.2004 12:00)

21. *Westfeld, Andreas*: F5 – ein steganographischer Algorithmus: Hohe Kapazität trotz verbesserter
Angriffe. http://os.inf.tu-dresden.de/~westfeld/publikationen/westfeld.vis01.pdf
(Zugriff 12.05.2004 12:15)

22. *Барсуков, В.С./Романцов, А.П.*: Компьютерная стеганография: вчера, сегодня, завтра.
(Computergestützte Steganographie: gestern, heute, morgen)
http://st.ess.ru/publications/articles/steganos/steganos.htm
(Zugriff 17.05.2004 15:45)

23. *Генне, О.В.*: Основные положения стеганографии
(Grundsätze der Steganographie)
http://z3950.library.isu.ru/citforum/internet/securities/stegano.html
(Zugriff 21.05.2004 12:15)

24. Информационная безопасность (Informationssicherheit)
http://xcrypt.iu4.bmstu.ru/stegano.html
(Zugriff 27.05.2004 11:00)